내 안에 살아계신 분

내 안에 살아계신 분

최남순 시집

도서출판 사람과사람

내 안에 살아계신 예수 그리스도를 통하여
아버지께 봉헌합니다

● 시집 머리에

최남순 수녀님의 시세계

최남순 수녀님의 다섯 번째 시집 《내 안에 살아계신 분》에 수록된 시 90여 편을 정독하고 나서 우선 생각하게 되는 것은 기도와 시가 어떠한 관계에 있는가 하는 점이었다. 기도도 시도 마음으로 하는 행위이니만큼 큰 테두리에서 공통점이 없을 리 없지만 본질적으로 이 둘은 적극적으로 서로 닮은 점이 있을 것이라는 생각을 하게 된다.

기도도 시도 순심(純心), 곧 순수하고 진실된 마음에서 우러나오는 것이다. 흔히 시를 가리켜 '사무사(思無邪)'라 하는데, 이것이 그런 상태의 마음을 가리킴은 물론이다. 기도는 말하자면 신(神)과 사람과의 대화인데, 마음에 조금이라도 가식이나 거짓이 허용될 리가 없다. 아니, 이러한 조건은 기도와 시의 출발점에 불과하다. 기도도 시도 고도의 집중력이 필요하며, 이러한 집중은 끝이 없다. 따라서 기도도 시도 결코 힘이 들지 않는 작업이 아니다. 그러고 보면 기도는 시에 크게 도움이 되며, 시적 상념은 또 기도의 순도를 그만큼 높이는 작용을 하는 것이라고 말할 수 있다.

수도자는 기도 바치는 일이 호흡을 하듯 일상사(日常事)가 되어 있을 것이다. 거기에 시인적 기질이 가세하면 기도가 시를 낳고, 시가 다시 기도로 이어져, 이 둘이 서로 상승 작용을 하게 될 것이다. 최남순 수녀님의 경우가 바로 이러한 경우이다. 이러한 상황이 시로 표현되어 있으니, 그것을 음미해 보도록 하자.

사랑하면 마음이 예뻐지고
얼굴도 예뻐져요
보고 듣는 모든 것이 예뻐요

참사랑은 시의 산실
누구나 사랑하면
시인이 됩니다

사랑의 불꽃을 크게
키우는 것은 여러 가지
크고 작은 희생들을 많이 모아
사랑의 불을 더 크게 하는 장작

이 땅에 온몸으로 시를 쓰신
최초의 대 시인 예수님을 닮기 위해

사랑의 불을 더 크게 키워 가야지
참사랑은 시의 산실 ('참사랑은 시의 산실' 전편)

그리스도교의 믿음의 핵심이라고 할 '사랑'과 시와의 일치를 노래한 아름다운 시다. 내게도 '예수님은 시인'이라는 제목의 시가 있거니와, 이 점에는 최남순 수녀님과 나의 생각이 온전히 일치하는 셈이어서 나는 속으로 반가웠다. 마음에 사랑을 품으면 사랑하는 이의 행복을 염원하게 되고 이런 염원이 곧 기도가 된다. '기시일치(祈詩一致)' 경지랄까. 마음에 사랑을 품으면 세상이 더욱 아름답게 보이며 이러한 정서가 더욱 고양(高揚)되어 마침내 찬미의 한숨에까지 이르면 거기가 시의 궁극의 모습이라고 해도 될 것이다.

시를 좇는데 있어서 순심이라든가 집중이라든가 하는, 정신 면에서의 모습과 병행하여 또 한 가지 문제 삼을 수밖에 없는 것은 시를 써 나가는 표현의 솜씨 곧 시적 기교의 평가이다. 그런데 시 쓰는 사람 뜻대로 되지 않는 것이 이 기교의 문제이며 여기에는 어느 정도의 천부적 소질이 작용을 한다.

최남순 수녀님은 어느 면에서 천부적인 기교적 감각을 지니고 있는 것으로 느껴진다. 이 시집에 수록된 시 90여 편 모두가 편편이 주옥편이라 해도 과장됐다는 느낌이 없을 정도이다. 이 시집의 제목이 되기도 한 시 '내 안에 살아계신 분' 전문을 음미해 보자.

햇님이 놀다 두고 가신
은은한 달빛 골방
내 안에 살아계신 분

캄캄한 밤하늘의 별
역경과 고통 중에
빛과 힘이신 님이시어!

고통과 역경은 축복의 시간
믿음과 인내로 성실을 다하면
황금 같은 은총의 시간

그 순간은 안 계신 것 같았어도
지난 후에 알게 되지요
그때 내 손 잡아 주셨음을…

아름다운 은유다. 사모하올 그분(하느님)은 '햇님이 놀다 두고 가신 달빛 골방'이라니! 또한 어둠을 비추는 '캄캄한 밤하늘의 별'이라니! 고통을 통해서 우리에게 사랑의 시련을 주시는 하느님, 신앙의 신비가 고즈넉이 심상화(心象化)되어 있다.

최남순 수녀님의 문장에 대한 감각은 각고의 수련의 결과이기도 하겠지만, 거의 생득적인 면이 있는 듯하다. 표현이 간결하다. 한 행의 글자 수가 열(10)자를 넘는 경우가 드물다. 그러면서도 뜻이 선명하며 여운이 있다. 거의 고전적인 모습을 연상시키기까지 한다. 이것은 연습만으로 되는 일이 아니며, 아무래도 문체에 대한 감각이 크게 작용하고 있다고 말하는 것이 옳을 것이다.

이렇게 해서 시가 담고 있는 상념(想念)은 천주교의 정통적(正統的) 교리(敎理)에서 조금도 벗어남이 없다. 시의 제목 몇을 살펴보기만 해도 알 수 있는 일이다. 가령 '고통의 찬가' '이사 갈 준비'(이 세상살이는 나그네다) '어디쯤 가고 있을까'(영적 여정) '십자가 바로보며' '침묵의 노래' '하나 되게 하소서' '행진곡' '비움의 축복' '외줄 타는 사람' 등의 제목만 보아도 알 수 있는 일이다.

시 '내 고향 파리'는 최남순 수녀님의 유머 감각을 보여 준다.

'파리'는 생물 '파리'와 지명 파리를 동시에 가리키는 펀(pun)이다. '충청도에서 서울까지, 서울에서 수원까지' 공짜로 택시를 타고 이동하는 저 파리, 요금이 얼만지 알고 있기나 하는지 몰라…. 고급 유머다.

최남순 수녀님은 '길리암-바레씨 증후군'이라는 희귀병을 앓은 병력이 있다고 들었다. 병마는 제 할 구실을 하고 물러났다. 병마건 어려움이건 모두가 평범한 일상사로 환원되어 최남순 수녀님을 스쳐 지나간다. 그것은 모두 이 수녀님의 시의 소재와 주제가 되어 이 수녀님의 시세계를 꾸민다. 이런 점에서도 이 분은 거의 타고난 시인이다. 그것은 평범과 비범이, 기도와 시가 태없이 조화된 시세계다. 최남순 수녀님은 앞으로도 숙명처럼 시를 써 나갈 것이다. 이 분의 문운을 빈다.

2012년 3월에
성찬경 (시인·예술원 회원)

● 차 례

시집 머리에

제1부
참사랑은 시의 산실 · 18
나의 하늘 만들어 가기 · 19
사랑의 춤 · 20
하느님 오실 자리 · 22
동그라미 기도 · 23
어머니 마음 · 24
사랑은 영원한 게임 · 26
하느님 뜻 안에 삶 · 27
침묵의 노래 · 28
풀잎 · 30
사랑의 침묵 · 31
사랑의 아가야 · 32
영원한 행복 · 34
사랑 · 35
수단의 작은 예수님 · 36
하느님의 사랑 · 39
공동 사우나장 · 40
은총의 빛 · 42
김수환 추기경 추모시 · 43

차 례 ●

제2부

내 안에 살아계신 분 · 46
옹기장이의 뜻 · 47
어머니 · 48
물고기의 행복 · 50
외줄 타는 사람 · 51
하느님 은총의 선물 · 52
십자가 · 53
엘리베이터 · 54
감사와 찬미 · 55
겨울나무를 보며 · 56
감사기도 · 57
십자가 바라보며 · 58
하느님 사랑의 선물 · 59
기도 · 60
보배로운 십자가 · 61
풀잎 향기 · 62
나는 가야 하리 · 63
내 혼의 모자이크 · 64
하느님의 자동차 · 66
고통의 학교에서 · 67

● 차 례

제3부
어디쯤 가고 있을까 · 70
비움의 축복 · 71
작은 꽃 · 72
송화 가루 · 73
공간 · 74
은총의 잔 · 75
은총의 열쇠 · 76
영원을 향하여 · 77
위탁 · 78
주님께 찬미와 영광 · 80
하나 되게 하소서 · 81
칼바람 · 82
피리 부는 순례자 · 83
사랑의 예수님 · 84
제야의 종소리 · 86
축복의 기도 I · 87
축복의 기도 II · 89
죽음 · 90
고통의 찬가 · 92
탄원의 기도 · 93

차 례 ●

제4부
탕자 · 96
투서 유감 · 97
웃음꽃 · 98
장애인 일기 · 99
사랑으로 · 100
내 고향 파리 · 102
봉헌생활Ⅰ · 103
봉헌생활Ⅱ · 104
봉헌생활Ⅲ · 106
빨래를 하면서 · 108
하느님 뜻의 나라 · 110
아름, 다운이네 집 · 112
우리 형제 거미 · 113
보게 하소서 · 114
철없는 골목대장 · 116
대 폭설 · 118
모기 형제 · 119
금메달리스트 김연아(스텔라) · 120
큰 빛으로 우뚝 서는 날 · 121

● 차 례

제5부
아가의 눈동자 · *124*
마침표 · *125*
엄마의 기도 · *126*
홀로 서기 · *129*
축복의 하루 · *130*
이사 갈 준비 · *132*
수도자의 마음 · *134*
기다림 I · *135*
기다림 II · *136*
기다림 III · *137*
빛이 되라고 · *138*
스킨다부스 화분을 바라보며 · *139*
예쁜 손 · *140*
수지 성모의 집 · *141*
두 주인 · *142*
치아 치료 · *143*
새해 아침기도 · *144*
행진곡 · *146*
하느님의 뜻 · *147*

시집을 내면서 · *148*

••제•1•부••

참사랑은 시의 산실

사랑하면 마음이 예뻐지고
얼굴도 예뻐져요
보고 듣는 모든 것이 예뻐요

참사랑은 시의 산실
누구나 사랑하면
시인이 됩니다

사랑의 불꽃을 크게
키우는 것은 여러 가지
크고 작은 희생들을 많이 모아
사랑의 불을 더 크게 하는 장작

이 땅에 온몸으로 시를 쓰신
최초의 대 시인 예수님을 닮기 위해
사랑의 불을 더 크게 키워 가야지
참사랑은 시의 산실

나의 하늘 만들어 가기

있으면 있는 대로
없으면 없는 대로
불편하면 불편한 대로
억울하면 억울한 대로

오로지 하늘만
바라보며
모든 것 모두를 사랑하며
살 일이다

행여나 놓칠세라
작은 것 하나라도
소중하게 사랑하는 일만이

나의 하늘을
조금씩 조금씩 더
만들어 가는 일임을 명심하며
늘 깨어 살 일이다

사랑의 춤

젖먹이 아가처럼
당신 손 안에 나를 두시고
온전히 맡김이
가장 완전한 자유이며
구원임을 알게 하신 주님

마음의 열쇠를
우리에게 주시어
내가 먼저 열어야
당신이 내 안에
들어오실 수 있고

사람이 홀로 설 수 없음을
잘 아시는 당신은
자주 내 혼의 문을 두드리시고
내가 문을 열고 모든 것 맡길 때
내 혼이 사랑의 꽃으로 다시 피네

살랑살랑 바람이 부는 대로
나무들이 따라 춤을 추듯
하느님 움직임에 따라
순명 사랑 일치로
내가 따라 움직이고

사람이 춤을 추면
우둔한 인간의 발걸음에 맞추어
당신도 따라 함께 춤추는
사랑의 일치로 당신의
영원성에 참여케 하심은
오묘한 사랑의 신비여

하느님 오실 자리

세상에 태어나
엄마의 품속 포근한 사랑
모르고 살아온 고아

아무도 모르는
그 마음의 빈 공간
누가 채워 줄 수 있을까

부부 일신, 서로 사랑해도
자신만의 공허감 비밀의 영역

유한한 사람이 갈망하는
무한한 사랑의 욕망

그 자리는
영원한 사랑의 원천이신
하느님 오실 자리

동그라미 기도

성부 성자 성령님
성삼위가 사랑으로
한 분이시듯

나와 내가 하나 되고
너와 내가 하나 되어
사랑으로 우리가 되고

우리 민족 공동체와
온 세상 인류 공동체가
사랑으로 하나 되고

우주 안에
사람들과 대 자연이
창조주 안에 하나 되길

초록의 마음으로
진붉은 동그라미 기도를
수없이 그려 갑니다

어머니 마음

흙 묻은 어머니 옷자락에서 풍기는
땀 냄새는 늘
어떤 향수보다 더 향기롭다

식구들 밥상 차려 올리고
어머니 밥그릇은 상 밑에 내려놓고
나머지 찌꺼기만 알뜰히 거두어 드셨다
옛날 어머니들은 언제나 그랬다

어머니 마음은
하늘보다 더 높고
바다보다 더 넓고 한없이 깊어서
언제나 너그럽고 편안하다

좋고 싫고 나쁘고 궂은 것
가리지 않고 모든 것 모두를
다 받아들이고 참아 주며
감싸 주고 한없이 기다려 주신다

자녀들 올려놓고 키우기 위해
당신은 보이지 않게 늘
낮은 곳으로 더 낮은 곳으로
자꾸 자꾸 내려앉으시는 어머니

집안을 구석구석 비추는 작은 태양
혼신을 다해 활활
타오르는 사랑의 촛불
보이지 않는 사랑의 밑거름

사랑은 영원한 게임

아무도 모르게 가만히 사랑했는데
어느새 사랑의 무게만큼
내 마음의 눈금 가벼워지고

내려앉는 내 마음의 눈금 보고
내가 사랑하면 그만큼 또
질세라 내 마음 가벼워진다

오르고 내리는 사랑의 눈금
주고받는 사랑의 무게만큼
영원으로 이어지는 아름다운 게임

하느님 뜻 안에 삶

눈부시게 아름다운
무한한 사랑의 바다가
작은 아가의 형상으로
하늘에서 이 땅에 내려오셨네

그 사랑의 바닷속에
작은 물방울인 나를
퐁당 던져 넣으면 어떻게 될까
나와 사랑의 바닷물을
구분할 수 있을까

사랑의 바닷물 속에 던져진
한 방울의 작은 나
바닷물과 혼연일체로 섞여져
구별할 수 없어
'예수님 것이 다 내 것이야'
'너의 것이 다 내 것이다'

예수님의 모든 것 되기 위해
이제부터는 언제든지 우선
나의 모든 것 주님께 드리는
하느님 뜻 안에 삶

침묵의 노래

높은 산 깊은 계곡
인적 없는 처녀 땅은
하느님 만나는 장소

정결한 자연, 물 공기 모두
하느님 말씀 잔잔하게 덮고
햇빛 아래 반짝인다

나무 한그루 마음에 두고
자주 찾아가 바라보면
어느 날 나도 모르게

나무가 내 안에
깊이 파고 들어와
나와 하나 된다

눈으로 뵈올 수 없는 하느님
텅 빈 마음의 눈으로
마주하고 바라보면

어느 날 나도 모르게
응달진 내 마음 빛으로 오시어
사랑으로 하나 된다

하느님 만나면 새 사람 되어
넘치는 이 기쁨
세상에 외치고 싶다

사랑에는 말이 필요 없고
서로의 마음속 흐르는
사랑으로 하나 된다

풀잎

눈부시게 청빈한 한해살이
풀잎들의 사계절 속에
인생 삶의
전 과정이 들어 있다

무상의 선물
하늘이 내려 주시는
사랑의 햇살, 맑은 공기
은총의 이슬 먹고 자라고

밤낮 하늘만 우러러
온몸으로 찬미 감사드리는
순수하고 사심 없는 너를 보면
내 마음 아프도록 숙연해진다

비바람과 추위와 더위
목마름과 어두움 … 묵묵히
가늘고 여린 몸으로 포용하며 순응하는
초연한 초록빛 침묵의 은수자

너와 우리는
한 형제 한 분이신
하느님의 작품

사랑의 침묵

아름다운 사랑의 침묵이여
예수님 헤로데 앞에서 침묵을
마음속 깊이 새겨
우리도 본받게 하소서

근거 없고 터무니없는 오해
비웃음 조롱 모욕 멸시 등
표현키 힘든 시련 다가올 때
예수님 바라보며
감사 찬미 드리게 하소서

당신이 우리에게
선물로 주시려는
신적인 유사성
큰 은총임을 항상
잘 알아듣게 하소서

일상의 삶 속에 지속적인
작은 사랑의 실천은
예수님 지상 삶의 연장
죽는 순간까지 사랑의 침묵
사랑의 삶을 살게 하소서

사랑의 아가야

사랑의 아가
첫 돌맞이 아가야
순수 무구한 너를 보면
내 마음이 아주 깨끗해진다

열 달 동안 태아로서
엄마와 함께
연구실에서 일했으니
아가는 커서 무엇이 될까

천성이 어질고 사랑 깊은 아빠와
폭 넓고 사랑이 지극하신 할머니

엄마의 사랑
엄마의 착함
엄마의 야무짐
엄마의 성실함
엄마의 믿음
그 자양분을 먹고 자란
아가는 하느님의 걸작품

할머니 아빠 엄마
거룩한 사랑의 삼위일체

성가정에서 크는 아가야
이 땅의 모든 사람들에게
영원한 사랑의 꽃
축복의 꽃으로 필
내일의 큰 희망의 꽃

영원한 행복

태양의 주인처럼
햇빛을 옷 입듯 온몸 속속들이
사랑 속에 묻혀 살면서도
그 사랑 몰랐네

공기의 주인처럼 하루 24시간
숨 쉬는 그만큼 무상으로
공기를 마음껏 마시며 살면서도
그 사랑 몰랐었네

사람을 구원하기 위해
하늘이 땅에까지 낮추어
사람이 되어 오신 하느님
그 사랑을 아는 만큼
영원한 행복

사랑

사랑은
모든 사람을 포용하여
그 울안엔
원수가 없다

인간 예수님에겐
적들이 참 많았어도
사랑의 예수님에겐
원수가 전혀 없었다

사랑은 빛의 근원
어둠은 사라지고
모든 속박 풀리어
사람을 자유롭게 한다

내 맘속엔 구름이 태양 속을
들락날락 숨바꼭질하네
언제 태양만이 빛날까
내 안뜰엔

수단의 작은 예수님
— 고 이태석 신부님 영전에

부산 산동네에서
10남매 중 아홉 번째 아들로
아홉 살 때 부친을 잃으신 신부님

형제 신부님이 초등 학창 시절
성 다미안 신부님 영화를 보시고
크게 감동하셨고

'가장 보잘것없는 형제에게
해 준 것이 곧 나에게 해 준 것이다'
하신 예수님의 진한 사랑의 향기를
늘 가슴 깊이 품고 살아오신 신부님

성 다미안 신부님처럼 살고 싶으셨던
크나큰 꿈을 실현코자
의사 신부님이 되신 후
가장 가난한 아프리카 톤즈에 가신 신부님

아이들에게 약을 지어 주시면서
이것은 아침 먹은 후 먹고
이것은 점심 먹은 후 먹고
이것은 저녁 먹은 후 먹어라 하셨을 때
아이들이 그 말을 못 알아듣네

아니 이렇게 쉬운 말을 이 아이들이 왜
못 알아들을까?
그 아이들은 하루 한 끼 먹는데
그것도 죽이라는 것을 후에 알았을 때
얼마나 마음이 아프셨을까?

신부님은 하느님께 받은 선물이
하도 많아 어릴 때부터
피아노, 기타 등 모든 악기를 혼자 배워
자유자재로 할 수 있었고
중 3 때부터 작곡도 하셨지요

그들의 예수님, 아버지 친구 의사며
선생으로 브라스 밴드도 만들어
붉은 단복을 갖춰 입혀 외국 정부 행사에
초청 받아 공연하는 등 톤즈 사람들에게
잊을 수 없는 이 땅에 첫사랑이었던 신부님

톤즈에서의 당신의 불꽃같은 사랑의 삶은
가장 위대한 최초의 사랑의 순교자
예수님의 지상 삶의 재현이셨지요

신부님 이제는 천상에서

당신이 못다 한 사랑의 삶을
후임들이 지속적으로 할 수 있게 도와주시고
수단의 사랑의 수호자 되어 주소서

하느님의 사랑

하느님의 사랑은
부성애와 모성애를 겸한
가장 완전한 사랑
사람을 당신의 모상대로 창조하시어
창조주로서 사랑하시고

죄인을 구원하시기 위해
죽기까지 온갖 수난을 다 받으신
구원자로서 사랑하시고
또한 연인으로 사랑하신다

영원한 사랑
무한한 사랑
헤아릴 수 없는 사랑
결코 비길 수 없는 사랑으로
사랑하신 나머지

사람의 마음속마다
숨어서 손수 지켜보시며
나도 모르게 도와주시고
하느님의 사람이 되게 하시는
놀라우신 하느님의 사랑

공동 사우나장

사람의 옷을 벗기는 것
바람인 줄 알았는데
찜통 같은
무더위 너로구나

올해 7월은
하늘 아래 전부가
온통 경계선 없는
무료 사우나장

여름에 더운 것 내 본분인데
덥다 덥다 하면 더 더운걸
사랑으로 날 포옹해 달라고
더위가 넌지시 일러 주네

예수님께 초점을 맞추고
성령 안에 가만히 앉아
하느님 바람에 길들이기
참는 힘 키우는 절호의 수련기라고
조용조용 침묵이 알려 주네

모공마다 솟구치는
땀방울이 퐁 퐁 퐁

자꾸자꾸 재촉하며 하느님
찬미하자고 기승을 부리는 더위

빈부귀천 없이
누구나 할 수 있는
하늘이 마련한 공동 사우나장

은총의 빛

매일 보고 듣는 모든 것에서
항상 좋은 면을 볼 줄 아는
사랑의 눈은 자비의 은총

이웃에게 좋은 마음과
뜻을 갖고 한 어떤 언행이
뜻밖에 오해로 도전해 오면
그것도 아버지의 뜻인 은총

은총의 빛이시며
삶의 길이신 예수님
그 품에 안겨 복을 빌어 주면
기쁨과 평화의 문이 열린다

영혼의 창인 눈과 마음을
항상 깨끗하고
투명하게 보존함은
미래의 은총의 빛

김수환 추기경 추모시

참으로 고달팠던 한 생애
이승의 순례의 길 마치시고
하늘에 오르시어 소담한 꽃송이
하느님 꽃으로 활짝 피었네

세상에서 처음 보는 향기 짙은 꽃
온누리에 그윽한 향기가
층층이 번져 가며 노래하네
큰 성인은 죽어서도 더 많은
일 계속하노라고

은은하면서도 강력한 메시지
거룩하고 감미로운 그 향기에 취해
전국 방방곡곡에서
진리에 목마르고 배고픈 영혼들
성당 찾아 모여 오네

사랑의 빛 남기시고
하늘에 오르시어 빛나는 큰 별
이 땅을 비추시니
그 별빛 따라 어둠 밝히며
나날이 이 땅에 사랑의 빛
점화되어 번져 가네

온 세상 환하게
사랑의 빛 수놓아 가며
누리를 비추시는 큰 빛이시어

제 2 부

내 안에 살아계신 분

햇님이 놀다 두고 가신
은은한 달빛 골방
내 안에 살아계신 분

캄캄한 밤하늘의 별
역경과 고통 중에
빛과 힘이신 님이시어!

고통과 역경은 축복의 시간
믿음과 인내로 성실을 다하면
황금 같은 은총의 시간

그 순간은 안 계신 것 같았어도
지난 후에 알게 되지요
그때 내 손 잡아 주셨음을 …

옹기장이의 뜻

나는 생명을 청한 적 없었는데
그분은 사랑으로 나를 만드시어
내가 나를 아는 것보다
나를 더 잘 알고 계신다

피조물인 우리가
주인의 뜻에 절대 순종하면
우리의 육신 오관과 마음
일거수일투족

매 순간순간 크고 작은 모든 사건과
모든 시간들을 통해 하시는
구원 사업과 개인 성화의 지속은
옹기장이의 크고 거룩하신 뜻

어머니

원죄 없으신 동정녀
깊은 사랑의 아멘으로
하늘을 받아들이신
그 품속은
최초의 감실

성령의 짝이신 당신은
하느님이 사람 되시어
십자가상 임종 때까지
혼신으로 함께 하신
구세주의 어머니

자나 깨나 한생을
하느님 뜻 향하여 열린 마음
오롯이 기도의 삶 속에
수난의 아드님과 하나 되어
구속의 길 함께 열으셨네

주님이 우리들 안에
오늘의 구속 사업 재현토록
우리 위해 전구해 주소서
통고의 어머니
용서와 화해의 어머니

아드님 가신 길
늘 함께 걸으셨던 어머니
우리들 하늘 길에도
항상 동행해 주시는
사랑과 은총의 어머니

물고기의 행복

물이 참 맛있다
홀짝홀짝 마시는
뜨거운 물이
이렇게 시원하다니
먹어 보지 않고는
믿을 수 없네

하느님의 뜻은
내가 살고 있는 어항 속
그 속에서 헤엄치듯 자유로이
아버지의 뜻을 실천하면서
마음껏 뛰노는
한 마리 물고기의 행복

물속에 그분이 안 계시면
그림 속의 물일뿐

외줄 타는 사람

고층 빌딩 붉은 벽돌 벽
케케묵은 더러운 때를
외줄 타고 조심조심 오르며
세제를 뿌리고 빡빡 솔로
닦으며 계속 청소한다

그 아슬아슬하게
어렵고 힘든 일 하시는 아저씨
딸린 식솔들 사랑에
힘든 줄도 모르시는가 보다
가끔 푸른 하늘 보며 흥얼흥얼
기도하듯 콧노래를 부르신다

사람은 누구나
세상에 태어나면서부터
눈으로 볼 수 없는 단 하나의
영원한 생명줄이 있다

그 줄을 찾아서 꼭 잡고
놓치면 안 된다
그 줄을 놓치면 죽음
영원한 죽음의 나락으로

하느님 은총의 선물

참 아름답고 신기해라
영원무궁하여 헤아릴 수 없고
불가능이 없는
하느님 은총의 선물

사오로에게 강제로 주신 구원 은총
연륜에 관계없이
의인에겐 사랑으로
죄인에겐 무한한 자비

하느님 은총 받으면
누구나 영원한 생명
하느님의 사람이 되는
하느님 은총의 선물

십자가

십자가는 하느님 사랑의 초대장
고난의 십자가
사랑의 십자가로
영혼들을 초대하신다
당신의 모습 닮게 하시려고

생각지도 알지도 못하는 사이에
크고 작은 십자가가 찾아올 때
고요한 믿음과 의탁으로 힘을 얻어
하느님의 선물로 받아들이려 마음 정하면
내면의 깊은 곳에서
잔잔한 기쁨 솟아오른다

십자가는 더없이 값진 주화
지폐 표면에 왕의 모습
찍혀 있지 않은 것은 위조지폐이듯
주님의 십자가에 나의 십자가가
결합되어 있지 않으면
아무런 가치가 없다
사랑의 십자가, 고난의 십자가

엘리베이터

엘리베이터는
성모님의 상징
매일 매 순간

아버지 뜻 따라
자녀인 우리들을
품에 안고 다니시다가

언젠가 천국 직행
아버지 품으로
데려다 주시겠지

천국 영광의 꽃밭에서
활짝 피어날 아름다운
미래의 꽃씨

감사와 찬미

변화무쌍한 사계절
어찌 견디나
산과 들, 정원의
나무와 꽃들과 들풀

추위 더위 비 바람 우박
타는 목마름
밤의 어두움 등 …

묵묵히 홀로 감수하며 드리는
한결같은 감사와 찬미
위대한 자연, 자연에게서
배우고 싶다

매일의 삶 속에 겪어야 할
희 노 애 락 등
갖가지 크고 작은 사건들의
터널도 잠시 지나감인 것을

태풍이 오려나
오늘은 신발이 무겁다
들숨 날숨, 눈 깜짝임을
감사와 찬미로 봉헌

겨울나무를 보며

가을에 나무들이 묵은 잎들을
미련 없이 홀가분하게 벗는 것은
겨울이란 은총의 길고 긴
연중 대 피정에 들어갈 준비

나무들이 겨울잠을 자는 것 아니고
아름다운 새봄을 희망하며
미래의 눈부신 새싹과 꽃을 위한
암흑 속에 길고 긴 각고의 투쟁

아무도 명령하는 이 없어도
봄이 오면 어김없이
새싹을 돋게 할 줄 알고
때맞추어 꽃과 열매를 맺는다

사람들은 나무를 보고 감탄하지만
사실은 보이지 않는
그분의 숨은 사랑의 손길
그분의 지문

감사기도

주님
당신이 안 계시면
저는 아무것도 할 수 없는
속 빈 허수아비

제 안에 은총의 빛을
잠시 차단하시고
정전 상태를 허락하신 뜻은

당신과 저 자신을
깊이 더 잘 알기 위한
오묘하신 은총의 시간이었음을
이제야 알겠습니다

지금까지 무상으로 베풀어 주신
무한한 자비와 은총 속에
천진한 아이로 더없이
기쁘고 행복했습니다

이제 한 차원 더
높여 주시기 위한
고귀한 모든 은총의 시간
깊이 감사드립니다

십자가 바라보며

오늘도 보이지 않는
십자가에 달려서 사는 나의 삶
눈으로 볼 수 있는 일이란
아무것도 할 수 없는
꼴찌의 삶이어도
항상 당신만을 바라보며
드리는 감사와 찬미가 있고

수족이 불편해도
영적으로는 깊고 넓게
아름다운 영혼의 모자이크 위해
빛을 향해 끊임없이 움직이며

일상의 크고 작은 어려움
다가올 그때마다
'너보다 앞서 내가 먼저 당했다'는
당신의 말씀 생각나면
내 마음 기쁘고
십자가도 가벼워진다

하느님 사랑의 선물

찜통 같은 여름날
허리가 아주 가느다란
작은 개미 형제가
딸린 식구가 많은가 보다

자기보다 세 배나 더 큰
먹이를 물고 어디로 가나
영차 영차 뒷걸음질로
힘겹게 끌고 가는 모습
참으로 경이롭다

오늘 작은 개미를 통하여
하느님 말씀하시네
말없이 부지런히 땀 흘려
일하여 먹고 살라고
하느님 사랑의 선물

기도

기도는 나의 사랑
깊은 기도 속에 조용히
문이 열리고
은총의 빛 가득하네

그 빛을 받아
내 혼의 온갖 좋은 선물 자라고
나무는 잎이 돋고
꽃피고 열매 맺는다

기도는 세상을 구원하고
이웃 사랑에 뿌리가 깊고 넓어지며
기도하면 할수록 더 더욱
사랑이 목마르게 된다

행복한 사람이여
기도의 사람은
하늘나라의 행복을
미리 앞당겨 사네

보배로운 십자가

부지중에 불쑥 찾아오는
크고 작은 십자가가
하느님께 영광, 인류 구원 위한
귀한 보물이라는데
항상 반갑기보다
우선 두려움이 앞선다

우리보다 먼저
그 십자가 지고 가신
주님 바라보며
은총과 사랑으로 받아 안으면

놀라워라
십자가는 우리 영혼 안에
세속 육신 악마
악한 나라 셋을 파괴하고

선한 나라 셋을
다시 세워 준다지
영적인 나라
거룩한 나라
영원한 나라

풀잎 향기

풀잎에선
초록빛 사랑의
향기가 난다

언제나 고요해도
가만히 눈(心眼)여겨 보면
온몸으로 찬미하고 있다

풀잎과 자주 만나면
내 마음 나도 모르게
숙연해지고

풀잎 향기와 선함
내 맘속에
조용히 번져 온다

나는 가야 하리

언덕 넘어 또 언덕
더 가파른 언덕이
우뚝 서서 기다릴지라도

나는 가야 하리
벅찬 기쁨 안고서

하느님 아버지의
뜻만 바라보며
숨차고 때로는 역겨워도

포용력을 다해 받아들이고
끈기 있게 참아 주고
기다리며 그분과 함께

오늘도 내일도
나는 가야 하리

"나는 들었고 보았고 알고 있다" (탈출 3,7)

내 혼의 모자이크

놀라우셔라
최초의
사랑의 화가
하느님

매일 매 순간
내 혼의 모자이크를
만들고 계심을
늦게야 알았네

크고 작은 사건들과
갖가지 고통과 시련
섬세한 도구들
축복이고 감사함인 것을

깊은 기도 속에
거울에 비춰 보듯
믿음의 몰래 카메라로
엿볼 수 있음은

때로는 놀랍고
때로는 신비하고
때로는 기쁘고

가슴 벅찬 일이여

화가의 뜻에
절대 순종하고
늘 깨어 살게 하는
내 혼의 모자이크

하느님의 자동차

내 영혼은 하느님의 자동차
자동차는 항상 목적지를 향해
달리기 위해 존재한다

자동차가 계속
달리기 위해선 지속적으로
세차하고 정비하고
주유해야 한다

주유하면 차는 즉시 떠난다
운전기사는 예수님
차장은 성모님

자동차 스스로는 무능한 존재
아버지의 뜻대로만
나를 쓰시도록 모든 것
운전자와 차장에게 맡기고
나는 순명하면 된다

신자들의 영성 계속 교육은
자동차 재정비 세차
에너지 재충전
행복한 하느님의 자동차

고통의 학교에서

로렌죠 오일 환자인 우리 아들 요셉
하느님 아버지 아들인데
그만 데려가세요 할까 하다가도
아니 아니야, 아버지 뜻대로

우리 착한 요셉 그 어린것이
저토록 무서운 통증에 시달려도
죽지 않고 견디는 것 보면
주님께서 늘 함께 계심이 확실해
고통의 시간은 사랑의 불가마
고통의 시간이 끝나고
평안히 잠자는 모습 보면
천사같이 예쁘고 참 거룩하다

고통의 시간은 축복이라는데
무섭고 캄캄한 이 터널만 지나면
큰 빛과 함께 기쁨도 온다는데
그때 이럴 줄 미리 알았다면
더 잘 참고 견뎠을 것을
하고 후회하지 않도록
아버지 안에서 잘 참게 도와주세요

사랑의 하느님 아버지

전지 전능 전선하심을
굳게 믿지만 그래도 제 마음
흔들리지 않게 꽉 잡아 주세요

다니엘을 사자 굴에서 구해 주시고
무덤에 묻힌 나자로를 살리신
하느님 아버지께
우리 아들 요셉을 봉헌하며
닷새면 새로 오실 아기 예수님께
요셉을 봉헌합니다

하느님 아버지
요셉의 고통을 받으시고
영원무궁토록 크신 영광 찬미 받으소서

••제•3•부••

어디쯤 가고 있을까

젖먹이 아가
엄마 품을 떠나선
존재할 수 없듯

그분의 현존을 떠나선
곧 넘어지고 상처 받아
울 수밖에 없다

보일 듯 말 듯 님 따라 걷는 길
이승에서 정진 아니면 퇴보
완성이나 정지 상태는 없다

엄마 품을 떠나선
한순간도 살 수 없는 유아
엄마를 찾듯 사력을 다해

영원히 영원히
그분 품에 쉴 때까지
쉼 없이 정진 또 정진일 뿐

비움의 축복

영혼은 마치 스펀지처럼
자기를 짜내어 비우는 만큼
하느님의 은총으로
가득 채워진다

과거는 모두 주님께 맡기고
앞으로 계속 정진하며
오직 현재만을 보고 살면
삶의 용기를 더 얻게 되고
주님과 더 긴밀한 상태로
안전히 정진하게 된다

항상 하느님 뜻 안에서
그분과 함께 살면
무엇이든 주님의 것이 되고
비우고 비워 텅 빈 공간이 되어 갈수록
영혼의 전부이신 그분으로
더욱 가득 차게 되는 비움의 축복

작은 꽃

보슬비 서너 차례 지나간 뒤
수녀원 중정 작은 꽃밭에
크고 작은 꽃들이 만개하여
깨끗하고 화려한 아름다운 공동체가
하늘 보며 찬미 찬양 드린다

놀라워라 아주 작은 꽃도 피었네
아무도 너를 심지 않았는데
바람 타고 높은 지붕을 넘어서
여기까지 왔니

너무 작아서 너를 보려면
누구나 허리를 굽혀야 하니
이름 모를 작은 꽃 너는 우리에게
겸손의 덕을 가르치는구나

큰 교훈을 온몸으로 보여 주는 작은 꽃
나도 작고 아름다운
꽃이 되고 싶다

송화 가루

5월이 오면
나는 사랑의 날개를 펴고
사람들이 공해로 여기고 문을 닫아도
사랑의 사명 하나로
어디든지 날아가요

심술궂은 바람이
꽃가루 주머니를
사정없이 흔들어 털다가
한때 소나기가 덮치면
빗물에 녹아 깨끗이 소멸되어도

나에겐 깊은 뿌리가 있기에
절망하지 않고
미래를 희망하며
조용히 날개를 접는
노란 송화 가루

공간

항상 비어 있는 공간은
참 아름답다

내 마음 비우는 만큼
하늘로 가득 차기에

오늘도 내일도
마침표 찍는 날까지

사력을 다해야겠다
공간을 만들어 가는 일에

내가 만들어 가야 하는
아름답고 무한한 공간

은총의 잔

흘러가는 시간 속에 예고 없이
매일 매 순간순간 봄비처럼 여우비처럼
온갖 은총이 쏟아져 오네

하늘에서 내려오고
동 서 남 북, 사방에서
은총의 선물은
부지중에 찾아오지만

내 잔의 공간이
너무 작고 깊지 못하여
전부를 받아들이지 못함이
너무 아쉬워 자주 눈물 납니다

은총의 잔 속을 깊고 넓게
깨끗이 비워
행여 놓칠세라
깨어 기다리며

사랑하는 임께 드릴
아름다운 내 혼의 모자이크 위해
찰랑찰랑 축복의 은총을
소중히 받아들이게 하소서

은총의 열쇠

진흙 속 깊게 묻힌
보물을 발견하고
캐내는 이의 마음은
얼마나 기쁘고 행복할까

일상생활 속에서
매일 매 순간 다가오는
크고 작은 어려움 속에

숨어 있는 아버지의 뜻을
찾아내는 생활의 지혜가
은총이고 기적이며 행복

이것을 잘 할 수 있는
은총의 열쇠는 겸손

숨은 보물을 찾기 위해선
나도 따라 숨어야 하고 또
아주 작아져야 하지

영원을 향하여

뒤뚱 뒤뚱 오리걸음
나는 항상 못 미쳐도
사람들이 촌음을 아껴
살뜰히 바른길 걷는 것 보면
내 마음 기쁘고 행복하다

나는 어느 정도일까
사랑의 내 주님 보시기에
누구나 가야 할 그 길
예수님 말씀 따라 걷는
영원한 귀향길

그 님께 온전히 맡기고
좀 더 자주 반성하며
발걸음 재촉하고 분발해야지
오늘도 내일도
영원을 향하여

위탁

째깍 째깍
시계의 초침 따라
흘러가는 시간 속

보이지 않게
둔화되어 가는 육신
낡아 가는 그만큼

영혼은 묵은 허물 벗고
아버지 모습
닮아 갈 수 있다면

거저 받은 나의 생명
능력과 재능
주어진 모든 시간들

살아가는 나날
충직한 청지기
얼마나 실천했을까

내가 남기고 온
부끄러운 지문과 발자국들
아버지 사랑과 크신 자비에

모두 맡겨 드리고

아주 작고 사랑스런 어린양 되어
크고 넓은 아버지 품에
온전히 안기는 그날은 언제일까

주님께 찬미와 영광

비 개인 뒤
우리나라 저 드맑은 하늘
참 아름답다
찬란한 태양빛을
무상으로 옷 입듯 온몸
속속들이 받으면서 살아가는 나
감사의 마음 가득 벅차오네

주님은 저의 생명
저의 모든 것
제가 살아가는 나날
주님께 크신 영광 세세 무궁토록
찬양이 되기 위하여
저의 육신 오관을
주님의 것으로만 사용케 하소서

주님의 눈
주님의 귀와 입
주님의 손과 발로
항상 주님과 하나 되어
일상의 삶을 살아
당신 사랑의 놀라운 구원 사업
세상 만민에게 햇빛처럼 퍼지기를

하나 되게 하소서

사랑으로
나와 내가 하나 되고
너와 내가 하나 되어
우리가 되고

우리가 하느님과
하나 되게
사랑과 일치의
성령이여 오소서

이웃은
나와 하느님을
이어주는
사랑의 사다리

남과 북이 하나 되는 날
평화통일의 날
오소서 사랑과 일치의 성령이여
하나 되게 하소서

칼바람

오늘 아침 대문 밖을 나서니
서슬이 퍼런 칼바람이
기다렸다는 듯이
사정없이 품속을 파고들었다

칼바람아, 노숙자들과 북한 형제들에겐
꽁꽁 얼어붙은 몸과 마음
녹여 주는 따뜻한 바람
사랑의 바람으로 불어 주렴

하늘 아래 골 깊은 부정과 부패
오만 가지 백해무익한
이 땅에 기생충과 병균들은
깨끗이 대 청소해야지

피리 부는 순례자

처음이자 마지막인 이승의 삶
잠시 지나가는 순례자로
무엇으로든지 내 이웃에게
도움 되는 삶을 나누고
또 남기고 갈 수 있다면

생명이 되고 소금이 되고
힘이 되고 버팀목이 되고
길이 열리고 빛이 되어 줄 수 있는

좋은 시를 쓰고 싶지만
간절한 마음뿐
아직 못쓰고 있다
끊임없이 목마르게
기도 중에 기다리며 산다

머릿속에 마음속에
그분이 주시는 대로
시를 쓰고 있다
아니 쓰는 시 아니고
쓰여지는 시다
그래서 늘 기쁨 중에
감사하는 피리 부는 순례자

사랑의 예수님

사랑의 예수님
미사란 말만 생각해도
가슴이 두근거려요
미사 시간에 늦을까 봐
조바심이 나지요

매일 미사 때마다
사제를 통하여
피 흐름 보이지 않는
수난의 제사를 재현하시고

우리 영혼 기르시기 위해
천상의 양식으로 오시는 주님
사랑과 찬미 받으소서

오늘의 미사가
이승에서 마지막인 듯
사랑과 정성 다하여
봉헌하게 하소서

오늘 하루
영적 투쟁의 갑옷을
미사와 성체의 은혜로

무장해 주시고

저를 온전히 당신께
맡겨 드리오니
늘 제 마음속에서
저의 삶을 살아 주소서

오늘 하루
저의 사, 언, 행위
육신 오관과 느낌까지
아버지 뜻에 맞도록
늘 머물러 사시면서
제 안에서 저의 삶을
살아 주소서

제야의 종소리

고요한 밤의 정적을 깨고
가슴속 깊이 울려오는
은은한 제야의 저 종소리
한 해 동안 모든 잘못
통절히 뉘우치며 무수한
사랑과 은총 감사로 가득 찬 마음

새해엔 좀 더 작아져
주님과 깊은 만남 속에
님의 지상생활 내 안에
재현하는 소중한 삶 위해
늘 당신 뜻 안에서만 살리라

축복의 기도 I

오늘 신 새벽
단잠에서 깨어남과 동시에
떠오른 한 사람이 있었다

어쩐 일일까
깨끗이 잊은 지 오랜 일인데
왜 새삼스럽게 지금
생각나는 것일까

그에게 무슨
어려움이라도 생긴 것일까
아버지의 뜻은 무엇일까
기도해 주라는 것일까

지난날 나에게
모질게 상처를 주었고
나의 영역을 교묘하게
침범했을 때도

전혀 모른 척
묵묵히 참고 용서하며
조용히 기도해 주었는데
무슨 이유일까

그도 지금
내 생각하고 있는 것일까
그때 나의 아픔을 뉘우치며
괴로워하고 있는 것일까

축복의 기도를 해 주었다
진정으로
내가 할 수 있는 일은 그뿐

축복의 기도 Ⅱ

기도가 참 좋다
기도하면 할수록
감미롭고 목마르다

나에게 도움을 주는
그 사람 위해 즉시
마음속으로 조용히
축복을 빌어 준다

나에게 상처를 준
그 사람 위해서도 즉시
마음속으로 조용히
축복을 빌어 준다

축복의 기도를 해 주면
나에게도 복이 내려
기쁘고 참 행복하다

죽음

사람은 태어난 순간부터
죽는 순간까지
하느님과 이웃의 보살핌 속에

그 끝이 어딘지 모른 채
쉼 없이 달리는 시계의 초침 따라
순례의 여정이 시작된다

선택의 여지없이
태어남과 삶과 죽음
모든 것 아버지의 선물

시작과 마침이 한결같이
아버지의 뜻만 따라
감사로 찍어야 할 진한 마침표

이승을 살아가는 나날
다가오는 모든 순간을
사랑으로 받아 봉헌하며

내가 해야 할 일은
식별하여 세상 것은 끊고
사력을 다해 그분만을 따라가는 삶

죽음은 무섭고 슬픈 것 아닌
가슴 설레는
기쁨의 천국 초대장

고통의 찬가

흘러가는 세월 속
주님의 뒷모습 정신없이 따라가다 보면

온갖 시련과 고통 중에도
마음의 동요 없이
머릿속에 동이 터 올 때가 있고

쓰디쓴 음식이
단맛보단 몸에도 좋고
뒷맛이 더 좋은 것처럼

부지불식간에 다가오는
굴욕과 고통이 영혼의 호흡처럼
생기를 돋아 준다

대장장이가 쇠를 모루 위에 올려놓고
두드릴수록 불꽃을 튀기며
아름답게 더 잘 정련되듯

영혼도 정화되기 위해
온갖 고통과 시련의 모루 위에서
사정없이 두드려 맞을수록
새롭게 정화되고 성화된다

탄원의 기도

평화의 왕이신 하느님 아버지
마음 다하여 사랑하며 감사 찬미 드립니다.
61년이란 긴 세월 동안 분단의 아픔을 안고
사는 저희들의 잘못을 용서 청하며
기도와 사랑이 부족한 탓임을 고백합니다.

아무런 의미 없이 천안함 폭침에 (46명 사망)
이어 연평도 포격으로 (민간인 2명 사망)
무고한 젊은이들이 목숨을 잃었고 여러 명이
부상으로 고생하며 살고 있습니다.

아버지 저들을 용서하소서, 저들이 행하는
바를 모르고 합니다. (루카 23,34)
하느님 아버지 오랫동안 통일을 이루지 못하고
있음은 저희들이 잘못 살아온 탓임을 고백하오며
하자 없으신 성모 성심께 우리나라를 봉헌하오며
청하오니 아버지 저희들을 불쌍히 여기시어
아버지만의 방법으로 평화통일을 이루어 주소서.

사람들의 마음속에 살생 무기를 사랑과 생명의
복음으로 바꿔 주시어 하루속히 평화통일을
이루고 남북이 하나의 복음화로 아시아 복음화의
큰 빛으로 우뚝 서게 하소서.

저희가 봉헌하는 오늘의 간절한 기도가
북한 형제들의 가슴속에 진한 그리스도의
사랑의 향기로 침투되고 오늘의 그들의 어두운
계획을 아버지의 뜻으로 바꿔 주시어 하나 된
전쟁이 없는 나라에서 모두가 하느님 자녀답게
사랑하며 살게 하소서. 아멘 아멘.

●● 제 4 부 ●●

탕자

우리 형제 자연은
탈선하지 않고
변함없이 한마음으로
태양을 향해서만 살고

일상의 삶 속에
찬미 영광 드리며
한 생명
사랑으로 봉헌한다

작은 꽃 화분
태양과 정반대 쪽으로
완전히 돌려놓아도
혼신을 다해 빛에게로
다시 돌아오는데

언제나 돌아오려나
만물의 영장인
가출한 탕자

투서 유감

사람마다 지문이 달라
속일 수 없듯
필적도 숨길 수 없다

남용되고 있는 투서
본래의 기능을
잃어 가고 있다

기술적으로 아무리
글씨를 잘 그렸다 해도
헛수고일 뿐

짧은 글 속에
그 사람 혼과 말이 들어 있어
즉시 드러난다

어떤 경우 무슨 이유로도
투서란 빛의 사람이
할 일이 아니다

태양을 두 손바닥으로 가릴 수 없듯
의미 없는 투서는 어둠의 그림자
스스로 속는 일일 뿐

웃음꽃

티 없이 해맑은 아가의 미소
꽃보다 더 아름답다

누런 황소가 초록빛 들판에서
한가로이 풀을 뜯다가
하느님 생각 했을까

고개 들어 푸른 하늘 보며
코를 벌룽벌룽
하얀 이빨 드러내며
착하게 웃는다

산과 들엔 가지각색의 꽃들이 만발하여
화려한 꽃들의 축제가 드높다

하늘 향한 꽃들의 빛나는 얼굴
까르르 하- 하- 호- 호-
소리 없는 한낮의 웃음의 대 함성

웃는 얼굴은 항상 아름답고 힘이 있다
닫힌 마음 열어 주고
평화와 사랑이 은밀히
이웃에게 번진다

장애인 일기

지체 장애인이
빈 스텐 주전자 위에
뚜껑을 떨어뜨려
요란한 소리가 났다

옆에 있던 청각 장애인
아이쿠 놀라라
귀청 떨어질 뻔 했네
이 귀머거리가 놀랐는데
멀쩡한 사람이 얼마나 놀랐겠어

던진 게 아니라
들고 있다 놓쳤고
그것을 집으려면
털썩 주저앉아야 하고
주저앉으면 또
엉덩이가 무거워서 …

할머니 두 장애인
두 손 마주 잡고
얼굴 서로 마주 보며
하하하 … 호호호 …
활짝 피었네 웃음꽃

사랑으로

전국 대 폭설 이후 벌써 한 주일
점심시간에 수녀원 식당 앞
가까운 산 언덕배기 눈 위에
뜻밖에 꿩 한 마리가 출연
음식 냄새를 맡고 왔을까

먹을 것을 주어야지
얼마나 배가 고플까
갑자기 닥친 일이라
수녀들 당황하고 있는 사이
우리 집 요한이가 잽싸게 쫓아 나갔다

그의 마음을 읽은 것일까
꿩은 도망가고 다시는 안 올 것 같다
먹이를 들고 갔어도
무서워 도망갈 터인데
알고 보니 꿩을 잡으러 갔었단다

사랑으로
아시시 성 프란치스코라면
도망가지 않고 그 품에 안겨
사랑과 먹이를 배불리 얻어먹고
기쁘게 돌아갔을 텐데

창조 가족인 우리가 한 형제로
서로 믿고 사랑으로 어울려 사는
그런 세상은 언제 오려나
한동안 마음 아프고 허전했다

내 고향 파리

서울 택시 기사 요한 형제가
충청도 고향에 갔을 때
열려 있는 택시 문 안으로
파리 두 마리가
슬쩍 올라탔다

밖으로 내쫓으면 추위에
얼어 죽을까 봐 묵인했는데
하루 사이 한 마리가 없어지고
한 마리만 남아서 3일째
손님들에게 총애를 받고 있다

충청도에서 서울까지
서울에서 수원까지면
택시 요금이 엄청날 텐데
그걸 제가 알고나 있는지

생명 사랑, 생명 존중
추위에 얼어 죽을까 봐
차마 내쫓질 못하겠단다
우리 형제 파리
내 고향 파리

봉헌생활 I

가난을 약속한 수녀의 빈 손
이웃 사랑 위해 열려 있는 마음엔
필요할 때 상상도 못할
그분만의 다양한 방법으로
그때그때 채워 주신다.

교도소 천주교 담당 직원이
새로 개설한 상담실에
'커피 포트와 소형 난로가
있으면 좋겠다'고 부탁 받은 다음날
성당 기도회 회장님 딸이
봉투를 들고 찾아 왔다.

수녀님 제가 여고를 졸업하고
아빠 회사 일을 도와드리고 받은
첫 월급인데 수녀님께 드리고 싶어서
가지고 왔다고 했다.
나는 그때마다 마음속으로 놀라고
감사의 마음으로 벅차다.

그 돈으로 두 가지를 사고도 5000원이 남았다.
내 안에서 나의 밖에서
항상 일하시는 주님, 찬미 영광 받으소서.

봉헌생활 II

교도소 정문 근무자 직원이
'수녀님 저도 성당엘 다니고 싶은데
십자가와 성경 책이 있으면
좋겠어요' 했다.
참 반가운 오늘의 복음
항상 마음 든든한 그분의 빽만을 믿고
기쁘게 받아들였다.

그날 교도소 일과를 마치고
귀원 길 전철 안에서
뜻밖에 젬마 자매님을 만났다.
'수녀님 활동하시는데 수고
많으시지요' 하며
손가방에서 흰 봉투를 꺼내어
내 손에 쥐어 주었다.
'제가 수필을 써서 받은
첫 원고료인데
수녀님 활동비로 쓰세요.'

집에 와 보니 두 가지를
넉넉히 살 만큼의 현금이 들어 있어
크게 감동했고 하느님께 감사 드렸다.
오른손으로 받아

왼손으로 이웃에게 전하는
나는 행복한 심부름꾼
항상 내 안에서, 내 밖에서
일하시는 분 참으로 놀라우신
사랑의 하느님, 축복의 나의 봉헌생활.

봉헌생활 Ⅲ

두 손엔 수정을
허리엔 혁수정까지 찬
언제 자살할지 모를
요시찰자 최고수(사형수)를
상담한 적이 있었다.

첫인상이 두 눈은
붉게 충혈되어 있었고
성난 황소처럼 상당히
험악해 보였다.

수녀를 처음 보는 그는
첫 만남에서 얼굴을 숙이고
기회만 있으면 피하려는 눈치로
'벽에다 머리를 때려 박고
죽고만 싶다'고 혼자 말했다.

1주1회 만나는 면담이지만
만나는 번수가 늘어 갈수록
그의 얼굴이 차차로 밝아지더니
미소까지 … 끝내는 그 시간이
기다려진다고 하며 마음의 문을
활짝 열었다.

집에 두고 온 남매의 학비를
걱정해서 '내가 돕겠다'고
그의 걱정을 나누어 받기로 하고
학비를 도와주던 중
통장이 비게 된 적이 있었고
그 사정은 아무도 모르는 일이었다.

그때 홍윤숙 시인께서 전화를 주셨다.
수녀님 어느 부인이 신자는 아닌데
수녀님 하시는 일을 꼭 한번
돕고 싶다며 온라인 통장 번호를
알려 달라고 했다.

입 밖에 내지 않은 비밀로
아직 기도도 하기 전인데
내 마음속 의향까지 아시고
미리 챙겨 주시는 놀라우신 주님 사랑에
크게 감동하여 그 순간 내 얼굴은
빨갛게 상기되었었다.

나는 행복한 심부름꾼
하느님의 일을 그분께 모두 맡기고
기쁘게 살면 그분께서 모든 일을 손수 하신다.

빨래를 하면서

매일 물을 마시고
사용할 때마다
물의 근원이신 하느님

자기 전부를
아낌없이 내어 주는 물 형제에게
늘 감사한다

성모님께서 예수 아기 옷을
어떤 정성과 사랑으로
빨았을까

그분의 현존
마음 깊은 곳에서
퐁퐁 생기가 솟구친다

옷을 손으로 빨면
정성이 들어 더 깨끗하고
옷도 덜 상하겠지
비눗물은 화장실 청소용

물과 세제, 에너지 절약
수고한 만큼 운동되니

이득이 참 많다

손으로 빨래를 하면서
무엇이나 마음먹기 따라
얼마든지 아껴 쓸 수 있음에
즐겁고 기쁜 마음의 축복

하느님 뜻의 나라

한 가족이 한 지붕 아래서
오순도순 함께 사는 것과 같이
우리는 모두 하나의 지구촌
같은 하늘 아래 살고 있는
하느님의 창조 가족

인류 가족이 어디서든지
똑같은 하늘과 태양, 달과
별들을 바라보며 살지만
나와 이웃들의 삶의 현장은
제각각 천차만별이다

맛있는 음식을 접할 때면
배곯은 형제들 생각에 미안하고
따뜻한 침상에서 단잠을 깨고 나면
한데서 떨고 있는 영혼들에게 죄송하다

추위로 고생하는 이웃의 고통에
동참하는 마음으로
실내 온도 1, 2도 정도 낮추어도 좋겠고
모든 면에 아끼고 절약하는 생활

가진 바를 형제애로 서로 나누고

너와 내가 더불어 사는
하느님 보시기에 아름다운 세상
하느님 뜻의 나라는 사랑의 나라

아름, 다운이네 집

애견숍 앞에는 많은 사람들이
애완용 개를 안고 줄지어 서서 차례를 기다리고
내 아이 하나 둘도 힘들다
무참히 살인하는 세상인데

데레사씨는 미혼모 아이들을
입양 삼남매, 위탁 삼남매
가슴으로 낳은 아이라고
교육비 관계로 파출부도 없이
내 아이로 정성껏 키운다

'엄마, 밖에서는 할머니라고 소개하고
집에서는 엄마라고 하면 안 될까?'

40대에 시작하여 회갑을 바라보는 엄마 나이
시간에 늘 쫓기는 엄마 얼굴엔
어느새 주름살이 쪼글쪼글

엄마가 너무 좋아 막내 쌍둥이는
자기 방을 두고 엄마 방에 와서
아름이는 엄마의 오른팔
다운이는 엄마의 왼팔을 베고서
어느새 사르르 행복한 꿈나무로

우리 형제 거미

놀라워라
우리 형제 거미
작은 몸으로 공중 높은 곳에
집을 짓는다

사다리도 없고
특별한 도구 없이
그물 모양 정교하고 짜임새 멋지게
집을 짓는다

그 기술은 어디서
누구에게 배웠을까
건축 재료는 똥구멍 밑에서 뽑아내는
아주 가느다란 줄

지나가던 벌레들이
거미집에 걸리면
훌륭한 먹거리다

세상에 살고 있어도
없는 듯이 조용히 살아가는
하느님 창조 가족인
우리 형제 거미

보게 하소서

소경의 눈을 뜨게 하신
하느님
저희의 눈을 열어 주시어
숨은 세계의 진리를
보게 하소서

동방 박사 세 사람을
아기 예수께 인도한
그 별빛을 어둠 속에 있는
지구촌 모든 사람들의
눈을 열어 주시어
보게 하소서

사람들의 얼굴 모양이
제각기 다르듯
생각도 다르고
마음도 다르게 만드신
놀라우신 하느님

그 다양성 안에 숨어 있는
아름답고 고유한 보물
좋은 점을 찾아보며
하느님의 사람으로

키가 크게 하소서

동 서 남 북이 합쳐
하나의 땅덩이를 이루듯
평화를 위한 네 기둥
사랑 진리 정의 자유가
하나의 큰 평화를 이룸을
보게 하소서

철없는 골목대장

드맑은 하늘 아래 날벼락
이 웬 말인가
믿을 수 없고
상상조차 할 수 없는 일이네

천안함 폭침과 연평도 포격 사건
이유 없는 무력의 도발로
수많은 젊은 해병들의
고귀한 생명을 무참히 살해하고
쾌재를 부르며 축배를 들고
포상을 하다니

분명 그 죄는 하늘에 닿아도
사람은 믿지 않음은
참 이상하다
그래도 같은 하늘 아래 살고 있는
우린 분명 한 형제인 것을

성모님의 눈으로 보고
성모님의 마음으로
깊고 아픈 마음의 상처를 삭이며
진정한 축복을 기도한다

마음속 가득한 살생 무기를
복음으로 바꾸어
참사랑과 평화의 새 마음으로
어서 빨리 돌아오세요
창조주이신 한 아버지
하느님 품속으로

대 폭설

온 세상은 하늘이 내려 주신 눈부신
사랑과 자비의 이불 덮었네
만상이 잠든 하룻밤 사이
전국에 내린 대 폭설

노숙자들과 날품팔이의 가족들
삶의 터전을 잃은 주님의 창조 가족인
산짐승 날짐승 온갖 새들의
먹이는 어떻게 하나

먹이를 찾아 인가로 내려오면
사랑으로 친절히 보살펴 주고
눈 녹으면 다시 자기 보금자리로
되돌아가게 도와주며

헬기가 긴급 출동하여
먹고 남은 음식 등 비상 양식을 싣고 다니며
산과 들 골고루 뿌려 주는
생명 사랑, 생명 존중이 활활
불꽃으로 피어나야 할 미래의 꽃

모기 형제

한해 돌아 여름이 오면
언제나 낮은 음성으로
사람들을 계속 따라 붙는
불쌍한 모기 형제야

금년 지루한 장마
집중호우 속에서
어떻게 용케 살아남았니

쉬지 않고 계속 움직이는
사람들을 따라 다니고
옷 속까지 파고들며

피를 빨아 먹는 너는
오랫동안 굶주린
젖먹이 짐승 같구나

'받기보다 주는 자가 복이 있다'

나의 피는 줄 수 있지만
네 몸의 불결한 보균은
'절대 사절'
경고한다 모기 형제

금메달리스트 김연아(스텔라)

2010년 2월은
축복의 달 기쁨의 달
연아야 고맙다 수고했다
참 장하고 놀랍다
오늘의 영광이 있기까지
남모를 수고와 고통과 인내
누가 헤아릴 수 있겠니

빙상 위에서 단 7분간
네가 보여 준 아름다운 연기
자연스럽고 유연하고 놀라운 연기

한국은 물론 전 세계 시청자들 가슴속에
눈물 어린 감동의 순간
영원히 지워지지 않는 아름다움
천상의 금메달리스트 되는 비결의
큰 교훈을 주었다

큰 빛으로 우뚝 서는 날

남한과 북한 선수들의
축구경기를 보며
참 오랜만에 만난 형제들의 잔치
너무 아름답다
벅찬 기쁨에 설레는 가슴 안고

아무나 이겨라
아무나 이겨라
열띤 응원 끝에
마침내 무승부로 끝나서
하느님께 감사 드렸다

한 나라 한 형제가
같은 하늘 아래 살면서
서로가 사랑을 나누지 못하는
이 아픔의 상처를
자비의 손길로 치유케 하시고
당신의 전능으로
어서 빨리 하나 되게 하소서

바람아 불어라
한라에서 백두까지
백두에서 한라까지 골고루 번져

남북이 하나의 복음화로
아시아 복음화에
큰 빛으로 우뚝 서는 날
앞당겨지게 전구해 주소서
성모마리아 우리 어머니

제 5 부

아가의 눈동자

초롱초롱
어여쁜 아가의
까만 눈동자
가만히 들여다보면

물거울에 비치듯
님의 얼굴 떠올라
잃어버린 나의 혼
다시 찾을 수 있네

아가의 눈동자
자주 들여다보면
티 없이 해맑음
내 혼에 번져 오네

마침표

생명과 죽음은
들숨 날숨
사이에 있다

이북 간호사였던 노 수녀님
대동아전쟁과 6·25
살벌한 피난의 물결 속 헤치고
된서리도 의연히 견디며
피어난 한 떨기 들국화

일편단심 사랑의 외길 걸어오신
향년 88세의 노 수녀님
폐암 투병 중

곡기 끊어진 지 4주 만에
침대에서 일어나 앉으시어
세상에서 보기 드문
활짝 웃는 빛나는 얼굴로

'성모님! 만났어요' 라고
행복해 하시더니
들숨으로 찍으셨다
고요한 마침표

엄마의 기도

하느님 아버지 사랑합니다.
아버지께서 한눈으로 모든 것
꿰뚫어 보시고 듣고 알고 계시지요.

로렌조 오일 희귀병 투병 중인
우리 예쁜 아들 요셉을
봉헌하며 맡겨 드립니다.

저희 집 안방은 오늘의 골고타 언덕
산고와 같은 치열한 경련이 시작되면
상체와 하체가 따로따로 뒤틀리는
경련과 혀를 깨물 정도의 무서운 통증

하루 24시간 중 40%를
진땀을 흘리며 아파하는 모습은
십자가 위에 작은 예수님 같아요.

6년이 넘게 엄마의 분신인
사랑하는 내 어린 아들의 고통을
대신 아파 줄 수 없는 속수무책으로
지켜보기만 해야 하는 이 마음

십자가 아래서 아들의 고통을

지켜보시던 성모님 마음을
공감할 수 있음에 감사드립니다.

아직 의술의 도움이나 약도 없이
다만 의사 위에 하느님 계심만을 믿고
의지하며 기도 드릴 뿐입니다.

경련이 시작되면 온몸이 진땀에
흠뻑 젖어 두세 벌씩 속옷을
갈아입히면서 무죄한 예수님
흘리신 피땀 수없이 체험합니다.

전능하신 하느님 아버지께서
무죄하신 외아들 예수님을
십자가에 못 박혀 죽으심으로

다만 인류의 영혼 구원 위한
하느님 아버지의 무한한 사랑
알아듣기 힘든 사랑의 신비여.

사랑하는 아버지
아버지의 뜻이 무엇인지
잘 알 수 없지만

우리 아들 어린 요셉의 고통과
희생을 축복해 주시어 아버지께
영광과 찬미가 되게 하소서.

한나의 기도처럼 저도
외상 축복을 청하오니
요셉을 낫게 해 주시면
주님의 사제로 봉헌하겠습니다.

홀로 서기

수녀란 한평생
하느님 앞에
홀로 서기 하는
행복한 순례자

때때로 앞을 가로막는
크고 작은 장벽
은총으로 뛰어 넘고 넘어
영적 쇄신에 정진 또 정진

만사를 꿰뚫어 알고 계신
그분께만 모든 것 맡기고
의탁하는 마음에
평화 기쁨 위로 힘 샘솟고

실개천 바다로 흘러가듯
영원을 향한 홀로 서기로
오늘도 내일도
쉼 없이 흘러간다

축복의 하루

신 새벽에 일어나
오늘 하루를 봉헌하며
햇살같이 쏟아져 내리는
강복을 기도하네

아침잠에서 깨어나
또다시
밤에 잠들 때까지
참된 축복은 주님과 함께 사는 시간

하루 온종일
모든 시간 속에
내가 만나는 모든 사람
시간과 공간

크고 작은 모든 일들과
사건들, 발걸음 하나하나
보고 듣고 스쳐 가는 모든 것 위해
축복을 빌어 주면

그 축복 기쁨이 되어
또다시
내 가슴에 돌아와 안긴다

하루의 축복이
오리털같이 가볍고
포근한 큰 이불 되어
천하 만상이
그 품속에 잠겨
사르르 축복 속에 잠이 들 듯

나의 마지막
임종도
그렇게 될까

이사 갈 준비

사람의 유한한 지상 나그네살이는
영원한 나라로 이사 갈 절호의 준비의 때
이사 가는 사람들은 누구나
자기 물건들을 먼저 보내고
나중에 그 집으로 가듯이

사람은 누구나 일생 동안
눈으로 볼 수 없는 매일 가지각색의
다양한 자기만의 행업들을
정성껏 또는 되는 대로 실행하며 살아간다

일상의 평범한 삶이
이사 갈 준비인 것을
알고 살아간다면 얼마나 더
잘 준비할 것인가

그 모든 것이 우리가 아직 모르는
하늘의 처소에 질서 있게
보내는 족족 준비하며
기다리고 있다가 때가 되면
그곳으로 가게 될 것인데

그때 우리 각자는 얼마나 놀랄까

자기가 알게 모르게 행한
모든 행업의 놀랍고 눈부신 업적을
보고서 황홀해 하겠지

내가 가야 할 영원한 처소를
자주 생각하며 후회 없는
최선의 삶을 살아야겠다

수도자의 마음

아직 영하의 일기도 아닌데
온돌방이 따뜻해 오는 것을 보니
벌써 지열 난방이 가동되는가 보다

감사에 앞서 과분한 마음이 들어
죄송하고 부끄럽다
이게 아닌데 수도자의 삶은
마음이 무겁고 짜증스럽다

깊어 가는 이 동절에
전혀 무방비 상태로 주림과 추위에 떨고 있을
북한 형제자매들 노숙자들과
교도소 형제들이 떠오른다

이렇게 사는 게 아닌데
무슨 방법으로 그들과
고통을 나누고 동참해야 할까
수도자로서 할 일은 또 무엇일까

창밖을 내다보니
밤하늘 별들의 무리와 초승달만이
남모를 연민의 이 마음을 엿보기나 한 듯
조용히 이 밤을 비추고 있다

기다림 I

항상 안테나를 잘 세우고
지속적인 기도로 매일 매 순간
하늘만 응시하며 시를 기다리는 동안
어느새 기도가 사랑으로 변하여
아버지 뜻만을 기다리게 된다

길고 초조한 기다림 속에
숨겨진 겸손과 인내와 신뢰
선물의 발견 또한 감사드리며

기다림의 대상과 목적 따라
기쁨과 보람의 크기가 다르고
기다림을 통해 모든 새로운
역사가 창조된다

기다림의 끝은 보이지 않아도
믿음과 희망이 있는
항상 축복이 넘치는
넉넉한 기다림

기다림 Ⅱ

한때 눈부시게 화려하던 나무들이
고운 겉옷을 미련 없이 훌훌 벗고
희망의 봄 기다리며
월동 준비 위해 길고 긴 대 피정에 들어갔다

오실 예수님 대망의 성탄 준비로
우리는 겉옷이 아닌
내적 영혼의 준비 위해 인내와 끈기로
깊이깊이 안으로 안으로

거칠고 굳은 맘 교만의 굴곡을
겸손의 곡괭이로 파고 부수어
내적 은혜의 공간을 최대한 넓히고
오실 주님 영광 찬미 위해
입에는 영원한 향기의 마스크를

기다림 Ⅲ

퍼내고 또 퍼내도
항상 찰랑이던
축복의 시의 옹달샘

수녀원 홈페이지에
10년 이상 (1주1회)
길어 올리던 생명의 샘물

어느 날 홀연
말씀이 두절
새로운 채널로 바꾸시는 중인가

주님께 초점을 정확히 맞추고
귀를 모으며 기다려도 깊은 침묵
기다림에 타는 목마름의 아이 되어
하늘만 바라보며
시를 기다리네

빛이 되라고

유구한 세월
끊임없이 반복해서
밝아 오는 새 아침
하느님의 크신 무상의 선물

기쁨과 감사로
소중히 받아들여
하루하루를 정성 되이
살아야지

예고 없이 사방팔방에서
찾아오는 온갖 고통 오해 무시
경멸 등도 아버지의 선물

그때마다
내 안에서 말씀하시네
'너보다 앞서 내가 먼저
당했다'고

매일 아침
빛 속에서 빛이 되어 살라고
밝은 날을 선물로 주신다

스킨다부스 화분을 바라보며

너는 언제 봐도
한결같은 진초록빛 얼굴
평화와 기쁨 조용히 번진다

네 몸에는 뿌리 끝에서
가지마다 잎새 끝까지
쉼 없이 물을 공급해 주는
자동 펌프기를 누가 달아 주었을까

소는 물을 먹고 젖을 만들고
뱀은 물을 먹고 독을 만든다는데
너는 물을 먹고 산소를 만들어
묵묵히 사람들에게 준다

네가 주는 선물이 하도 고마워
나는 너에게 정성껏 물을 주고
이슬 대신 자주 물을 뿌려 주면

잎새마다 수많은 물방울들이
반짝반짝 빛나는 별들의 무리
네 주 하느님께 감사 찬미

예쁜 손

한여름내 밖에서
하늘을 지붕 삼아 행복하게 살던
키가 훤칠하게 큰 벤자민 화분을
겨우살이 위해
집안으로 들여왔다

벤자민 나무 품속에서
행복했던 여치
하루 사이에 환경이 바뀌어
집안으로 들어온 그가
겁 없이 나무에서 내려와
복도를 살금살금 산보 중이다

사람 발에 밟혀 죽을까 봐
생명 존중, 생명 사랑의 새파란 수녀가
하얀 종이 위에 소중히 올려서
창밖으로 내보내는 예쁜 손

높은 데서 하느님
굽어보시는 것 같아
나도 따라 흐뭇한 마음
행복감에 젖게 한
사랑의 손, 예쁜 손

수지 성모의 집

수지 성모의 집은
햇님이 즐겨 노는
사계절 절경의 전망 좋은 집

하느님 주신 이 집에서
고령의 수녀들과 환자들
성모님과 함께 봉헌하는 찬미의 생활

꿈에도 그리운 하늘나라
님 맞을 예복 준비하며
천국행 비행기 기다리는 거룩한 집

일선에서 병들고 지친
젊은 수녀들
휴양 오는 집

기도하며 쉬고
치료와 운동으로 금메달리스트 되어
소임지로 돌아가는

사랑의 집, 은혜의 집
이 모든 것
하느님 하시네

두 주인

하느님과 재물
두 주인을 섬길 수 없다는데

부지중에 재물이 내 마음의 주인이었을 때
나는 보이지 않는 감옥에
스스로 갇히게 되었고

두 발이 보이지 않는 족쇄로
이 땅에 단단히 부착되어
어둡고 부자유하며 참 불행했었다

어느 날 내 혼의 창틈으로 새어 들어온
한 줄기 하늘의 빛을 받아

하느님을 내 마음의 주인으로 모신 후
홀가분하게 속박의 올무는 풀렸고
무상으로 돋아난 보이지 않는 두 날개로

하늘의 성우들과 기도의 통공으로
우정을 맺고 더 없이 자유롭고 행복하며
한세상 공짜 인생인 것을

치아 치료

맨 처음 하느님께서
사람의 건강과 미모와 말을 위해
치아를 아름답고 정교하게
창조해 주셨다

환경과 자기 탓으로
손상된 치아를 재창조 위해
의사를 내시고 그를 통해
치료해 주시는 사랑에 또한 감사

좁고 불편한 입안에 공간
구석구석 사진을 찍어 가며
섬세한 도구들을 총동원하여
치료에 최선을 다하는

All 치과는 분당 젤존 타워 4층
마스크 쓰고 장시간 내 치아처럼
치료에 진땀 흘리는 의사와 위생사 위해
계속 감사와 축복의 기도 올린다

새해 아침기도

기다리지 않아도
어김없이 찾아오는
희망의 새해 새 아침
하늘 문이 크게 열렸네

지난 한 해 동안
넘치도록 베풀어 주신
사랑과 은총의 선물
깊이 감사 찬미 드리며

새해엔
아버지의 창조 가족인
대 자연과 땅과 그 안에
모든 산 것들과 사람들과
한 형제로 서로 사랑하며
이 땅에 하느님 나라가 오게 하소서

아브라함의 나이 백세에
아들을 주신 전능하신 하느님
당신이 곧 나의 하느님이심을
늦게야 만났습니다

아브라함의 하느님

나의 하느님
내 삶의 끝이
언제인지 몰라도

남은 날들을
아버지의 뜻대로
아버지의 뜻 안에서만
사랑으로 채워 가게 하소서

행진곡

하루가 천년 같고
천년이 하루 같은
나의 사랑 님과 함께

축성된 봉헌생활로
부르심 받은 나의 삶
하루 같은 은총의 52년

그분 안에서
그분과 함께
호흡하듯 기도하고
사랑을 갈구하며 고통 받고

아쉬움 없는 복된 나날
영원한 내 본향 향해
쉼 없이 가고 있다

하느님의 뜻

일상의 작은 일에서
큰일에 이르기까지
믿음의 사람에겐
우연이란 없음을
항상 지난 뒤에 알게 되네

내가 하는 일이
그분의 뜻이었고
그분이 나에게 맡겨 주셨으며
그 일을 잘 할 수 있게
늘 함께 계시며 도와주셨음을
늦게야 알았다

언제 어디서
무슨 일을 하든지
늘 감사하며 기쁘게 사는 일
하느님의 뜻

● 시집을 내면서

1994년 4월 8일은 나의 인생의 일대 전환기였습니다.
1979년에 교정사목 전담 소임을 받고 작은 예수를 찾아서 경인지구 교도소와 구치소, 소년원, 그 외 미결 때 서울에서 상담하던 재소자들이 형이 확정되어 각 지방 교도소로 이감을 가면 그곳에까지 1년에 한 번씩 찾아 다녔습니다. 그러면서 사이사이 예비신자 교리와 이범주 신부님께서 주관하시는 서울대교구 성모신심 세미나와 성체신심 세미나, 소개 강의봉사 등 너무 큰 기쁨에 새처럼 날아다니다가 갑자기 '길리암바레씨 증후군'이란 저항력 없는 10대 어린이들이 앓는 희귀병에 감염되어 소생할 희망 1퍼센트 권에서 살아나서 올해로 18년째 살고 있습니다.
두 손과 두 발이 보이지 않는 십자가에 못 박혀 달린 채 내가 할 수 있는 일이란 하나도 없었습니다. 어느 날 성당에서 성체조배를 하고 있을 때 예수님께서 저에게 두 번 물으셨습니다. "네가 낫기를 원하느냐?" 나는 "아버지 뜻대로"라고 말씀드렸습니다. 나는 어렸을 때부터 어떤 어려움이 찾아오면 그때마다 "성부여, 네 뜻만이 이루어지소서"라는 성구를 반복했는데 그럴 때면 어떤 어려움 중이라도 마음이 차분하게 가라앉고 편안해집니다.

비록 육체적 장애인이지만 감사하게도 정신만은 정상을 유지하고 있는 상태에서 내가 할 수 있는 일이란 기도 사도직과 문서선교 차원에서 그동안 쓰지 못한 시를 쓰는 일이었습니다. 1981년 모교인 성균관대학 현대문학 교수님이신 고 김구용 교수님께서 월간지 〈현대시학〉에 나의 시 '해방' '사랑의 힘' '당신이 내게 오시면' 등을 추천해 주셨지만 시 쓰는 일은 완전히 접어 두고 전국 차원에서 교정사목에 몰두하며 아주 바쁜 생활을 해 왔습니다. 지금 생각하면 중병에 걸려 장애인이 된 그 상황에서 시를 쓸 수 있고 기도 사도직을 할 수 있다는 것은 하늘로부터 받은 천직이라 믿고 아주 행복하게 살고 있습니다.

요한 바오로 2세 교황님께서 기도 사도직은 모든 사도직 중에 가장 으뜸가는 사도직이라고 하셨습니다.

2000년 수녀원 홈페이지가 시작됨과 동시에 게시판의 '최남순, 영의 노래'에 매주 토요일마다 시를 올리라는 소임을 받았습니다. 생각해 보면 시를 일주일에 한 편씩 쓴다는 것은 불가능한 일이지만 불가능을 가능케 하시는 하느님만 믿고 순명하였습니다. 생각해 보면 충실히 해냈습니다. 10년 동안 네 번만 못썼을 뿐 거르지 않고 해냈다는 것은 기적에 가까운 일이라 생각하며 깊은 감사를 드립니다.

참으로 어려운 일을 내 안에 살아계시며 늘 도와주시는 주님 덕분에 한 것인데 이젠 그만 쉬어야겠다고 마음먹고 밤 10시가 넘어 성당에서 밤 기도를 하고 3층에 있는 침실로 돌아오는데 예수님께서 뒤따라 들어오셨습니다.

나는 영문도 모른 채 얼떨결에 침대에 걸쳐 앉았습니다. 내 방은 다섯 평 정도의 작은 방입니다. 모습도 안 보이고 한마디 말씀도 없었지만 분명한 현존 가운데 거룩함과 사랑과 평

화가 가득한, 그러면서도 위엄 있는 분위기에 압도되어 나도 모르게 내 입에서 저절로,
내가 무슨 죄를 지었지?
내가 무슨 죄를 지었나?
내가 무슨 죄를 지었지?
큰 소리로 세 번 말하는 동안 깨닫게 된 것은 시를 그만 쓰기로 마음 정한 일이었습다. 내가 마음속으로 알아듣고 깨달은 그 순간 그분은 조용히 가셨습니다. 내가 그동안 문서선교 차원에서 시를 쓴 것도 아버지의 뜻이었고 기도 사도직을 해온 것도 아버지의 뜻으로 그분이 내 안에서 모두 도와주신 것입니다. 그런데 내 마음대로 이제 그만 쓰기로 마음먹은 것은 아버지의 뜻에 어긋나는 일임을 알게 되어 죄송했습니다.
지난해 8월부터 알러지 기관지 천식이 급성 악화되어 병원에 입원했었고 퇴원하여 네브라이져 치료 중입니다. 치료가 끝나는 대로 시를 다시 써야겠다고 마음먹고 일주일에 한 편씩 쓴 시 97편을 다섯 번째 시집으로 엮게 되었습니다.
금년이 우리 수도회 설립 80주년입니다. 이 책을 영원한 도움의 성모수도회, 평양에서 한국 최초 방인 수도회로 창립하신 미국 메리놀회 목 모리스 요한 몬시뇰과 우리 수도회 공동체 수녀님들께 감사드리며 봉헌합니다. 그리고 바쁘신 중에도 정성껏 서문을 써 주신 성찬경 교수님과 출판사 여러분들에게 감사드립니다.

2012년 성모성월에

최 남 순

내 안에 살아계신 분

제1쇄 인쇄 2012년 5월 20일
제1쇄 발행 2012년 5월 30일

지은이 | 최남순
펴낸이 | 김성호

펴낸곳 | 도서출판 사람과 사람
주소 | 서울시 마포구 망원동 378-10(101호)
전화 | (02)335-3905~6
팩스 | (02)335-3919

등록 | 1991년 5월 29일 제1-1224호

값 8,000원

ISBN 978-89-85541-94-7 03810
ⓒ 최남순, 2012, Printed in Korea
판권 본사소유 | 잘못된 책은 바꿔 드립니다.